CUANDO LOS GRANDES ERAN PEQUEÑOS

FEDERICO GARCÍA LORCA

GEORGINA LÁZARO · ilustrado por ENRIQUE S. MOREIRO

LECTORUM
PUBLICATIONS, INC.

La tristeza que tiene mi alma,
por el blanco camino la dejo,
para ver si la encuentran los niños
y en el agua la vayan hundiendo,
para ver si en la noche estrellada
a muy lejos la llevan los vientos.

—FEDERICO GARCÍA LORCA

FEDERICO GARCÍA LORCA
Text copyright © 2009 Georgina Lázaro
Illustrations copyright © 2009 Enrique S. Moreiro

Library of Congress Cataloging-in-Publication Data
Lázaro, Georgina.
Federico García Lorca / Georgina Lázaro ; ilustrado por Enrique S. Moreiro.
p. cm. – (Cuando los grandes eran pequeños)
ISBN 978-1-933032-39-9 (hardcover)
1. García Lorca, Federico, 1898-1936–Childhood and youth–Juvenile literature. 2. Authors, Spanish--20th century--Biography. I. Moreiro, Enrique S. (Enrique Sánchez) II. Title.
PQ6613.A763Z7365 2009
868'.6209–dc20
2009010215

ISBN: 978-1-933032-39-9
TWP 10 9 8 7 6 5 4 3 2
Printed in Singapore

A SERGIO.

—G. L. L.

A JON BERMEJO, QUE SIRVIÓ DE ACTOR
Y MODELO PARA EL PERSONAJE, A SIMON
ANDREWES, MI EXPERTO GUÍA POR LA VEGA
DE GRANADA, Y AL ATENTÍSIMO PERSONAL
DE LAS CASAS-MUSEO DE LORCA EN FUENTE
VAQUEROS, VALDERRUBIO Y HUERTA DE
SAN VICENTE, QUE HICIERON POSIBLE
DOCUMENTAR LOS ESCENARIOS.
A TODOS, MUCHAS GRACIAS.

—E. S. M.

Se escucha una antigua nana
en un pueblo silencioso,
arrullado por el viento
y cien grillos rumorosos.

Se escucha una canción tierna
en un pueblo muy callado
besado por aguas claras
y los olores del prado.

Un niño duerme tranquilo.
Federico duerme y sueña
con la luna que le mira,
con su cara tan risueña.

Con un lagarto que llora,
con el *croo-croo* de las ranas,
con caracoles muy chicos
y el cantar de las gitanas.

Con cigarras juguetonas,
con gigantes de coral,
con el viento rojo y verde
y sirenitas de sal.

Al salir el sol alumbra
una manta de verdor.
Un pueblo pequeño y blanco
aparece en el albor.

La casa grande despierta
cuando suenan las campanas.
Federico abre los ojos
y se baja de la cama.

Se van llenando de luces
las salas y los balcones.
Se van llenando de voces,
de risas y de canciones.

Federico va a la huerta.
Tomándose de las manos
juegan a la ronda y cantan
amigos, primos, hermanos.

A su hermanita le canta
El *conde de los laureles*.
Concha aplaude, ríe y ríe.
Tin tin tin de cascabeles.

Ya va la pájara pinta
volando de flor en flor.
Los niños están jugando
la víbora del amor.

Y aunque Mambrú se haya muerto,
como dice la canción,
un trompo da muchas vueltas
jugando en su corazón.

Tarde aprendió a caminar
y su salud es muy frágil.
Mas es buena su memoria
y con las letras es ágil.

Caminando con Francisco,
su hermanito, va a la escuela.
Don Antonio, su maestro,
porque aprendan se desvela.

Pero del salón de al lado
surge una linda canción.
Las niñas están cantando
y cautivan su atención.

Su caligrafía es hermosa.
Le fascina dibujar
y los cuentos que en el pueblo
alguien le quiera contar.

Los números no le gustan.
Prefiere actuar y cantar,
y oír en la huerta al viento
decir su nombre al pasar.

Su padre es un hacendado.
Se llama don Federico.
Trabaja de sol a sol.
Con su esfuerzo se ha hecho rico.

Es muy tierno con sus hijos.
Les da su amor y atención.
Que estén bien, es su objetivo.
Su salud es su obsesión.

Para toda su familia
toca la guitarra y canta.
Les contagia su pasión
con su música que encanta.

Su madre, doña Vicenta,
una maestra de escuela,
los acerca a la lectura.
Que estudien es lo que anhela.

Les cuenta de Víctor Hugo
y les recita a Espronceda.
Lee a Bécquer y a Cervantes
con su voz dulce y de seda.

Pero Quico (así le dicen)
prefiere irse a jugar
el juego de los *lobicos*
que a todos pone a temblar.

Sus torpes andares hacen
crecer su imaginación.
Se abren todos sus sentidos
y el don de la observación.

Crea un teatro de títeres,
un teatro de guiñol,
con muñequitos de trapo,
de madera y de cartón.

Hay magos, duendes, toreros,
damas con muchos volantes,
mariposas y borricos,
lobos, grillos y gigantes.

Sus primos y sus vecinos
asisten a la función.
Se divierten, cantan, ríen
y aplauden con emoción.

Simula entierros y misas,
bautizos y procesiones,
y les pide a sus amigos
que lloren en los sermones.

De las criadas aprende
los romances populares
y un lenguaje que se pinta
de aceitunas y azahares.

Va creciendo Federico.
Debe asistir a otra escuela.
Se separa de sus padres.
Llora al irse de la Vega.

Al poco tiempo se enferma:
una terrible infección.
Tiene fiebre y en la cara
una espantosa hinchazón.

Cuando se ve en el espejo
escribe su primer verso
muy gracioso al compararse
con un sultán feo y obeso.

Vuelve a su casa; descansa,
lee, dibuja, pinta, inventa.
Asomado a su ventana
las horas pasan muy lentas.

A escondidas, tía Isabel
le regala caramelos
y en la guitarra le enseña
los cantares del abuelo.

Cuando sana Federico,
la familia se traslada.
Los niños estudiarán
en la ciudad de Granada.

Pero lejos de sus campos
siente que las fuentes lloran,
siente que las aguas sufren
y su dicha se evapora.

Los alumnos del colegio
de él se burlan, lo señalan.
Lo ven raro, diferente.
Con sus mofas lo acorralan.

Se ríen de sus corbatas
coloridas y floreadas,
de su amor por las palomas,
los canarios y las hadas.

Se refugia en la lectura,
dibuja y toca guitarra,
y le sirven de escondite
los jardines de la Alhambra.

Entonces un día rosado
nace su hermana Isabel.
La tierra es una naranja,
amanece el naranjel.

Pero se enferma su madre.
La hospitalizan muy lejos.
Mas con frecuencia reciben
su cariño y sus consejos.

Con su padre van a verla
¡Qué lindo es el viaje en tren!
Parajes, bellos vergeles
y pregones, más de cien.

Pasa el tiempo y ahora Quico,
señorito de ciudad,
termina el bachillerato,
entra a la universidad.

El niño poco estudioso
se convierte en un lector,
se entusiasma con la música
y hasta quiere ser actor.

Realiza viajes de estudios
que despiertan en su alma
la musa que en él dormía
y que esperaba con calma.

Como una araña que teje
su caminito de seda,
como un lucero plateado
que de luz deja una senda...

Entre paisajes hermosos,
monumentos, lejanías,
así encuentra Federico
su lugar en la poesía.

Las campanas de las torres,
los olores de la vega,
el naranjal con sus flores,
el sonido de las rejas.

Las fuentes y los arroyos,
aquella canción tan vieja,
el verde, verde del monte
y el zumbido de la abeja.

O las ramas de los chopos,
tal vez su niñez entera
le va marcando un sendero,
su camino de poeta.

Ha crecido Federico.
Aquel niño se ha hecho un hombre.
Federico García Lorca;
suena a música su nombre.

¿TE GUSTARÍA SABER MÁS?

Federico García Lorca nació en Fuente Vaqueros, provincia de Granada, España, el 5 de junio de 1898. Fue allí y en Valderrubio donde pasó los diez primeros años de su vida y donde nacieron sus hermanos menores: Luis, que murió a los dos años, Francisco y Concha.

Su padre, Federico García Rodríguez, hijo de una familia numerosa y amante de la música, era un labrador de posición desahogada. Su madre, Vicenta Lorca, maestra, fue quien le enseñó las primeras letras y fomentó su gusto artístico y literario. Una hermana de su padre que vivía con ellos, la tía Isabel, le enseñó a tocar la guitarra y a cantar coplas.

Su salud fue muy frágil y tal vez esa condición lo convirtió en un niño observador, curioso, sensible y amante de la música, y abrió su corazón a los más débiles.

Su mayor afición era el teatro. Contaba con un público fiel y unos colaboradores entusiastas: sus hermanos, sus primos, las criadas y su madre. Ante ellos, Federico representaba funciones religiosas como las que había presenciado en la iglesia del pueblo. Pero un día, tendría Federico siete u ocho años, llegó al pueblo una pequeña troupe de gitanos con un teatro de marionetas, que marcó su vocación como dramaturgo.

En 1909, toda la familia se trasladó a Granada, donde nació su hermana Isabel. Allí estudió el bachillerato en el Colegio del Sagrado Corazón y realizó estudios de Filosofía y Letras y Derecho en la Universidad de Granada.

Su principal interés en esos años parecía ser la música, por lo que estudiaba piano y guitarra. En 1917, conoció al músico Manuel de Falla, quien lo introdujo al mundo de la música popular, que más tarde influyó en su obra.

En 1919 se trasladó a Madrid, a la Residencia de Estudiantes, donde el contacto con profesores y un grupo de jóvenes intelectuales (como Salvador Dalí, Rafael Alberti, Luis Buñuel...) influyó en su sensibilidad y en su creatividad. Participaba en muchos actos culturales, sesiones de piano, montajes teatrales y conferencias. Escribía teatro y poesía.

Entre sus obras se encuentran *El maleficio de la mariposa*, *Libro de poemas*, *Tragicomedia de don Cristóbal y la señá Rosita*, *Mariana Pineda*, *Romancero gitano*, *Amor de don Perlimplín con Belisa en su jardín*, *La zapatera prodigiosa*, *Poema del cante jondo*, *Bodas de sangre* y *La casa de Bernarda Alba*.

Realizó viajes por España y América. Quizás el más importante y decisivo en su cambio de rumbo poético fue el que hizo a Nueva York en 1929 donde escribió *Viaje a la luna*, *El público* y *Poeta en Nueva York*.

Se le considera una de las cimas del teatro español del siglo XX y el poeta de mayor influencia y popularidad de la literatura española de su tiempo.

El 18 de julio de 1936 estalló en España una sublevación militar contra el gobierno de la República que desencadenó la Guerra Civil. En este ambiente de odio y guerra, se produjo la detención de Federico el 16 de agosto de 1936 y tres días más tarde, en la madrugada del 19 de agosto, víctima de la represión política, fue asesinado por ser diferente y tener opiniones de izquierda.

Su muerte prematura convierte en profecía sus palabras: "La canción que nunca diré se ha dormido en mis labios".